BURITI Plus
HISTÓRIA
CADERNO DE ATIVIDADES
5

Organizadora: Editora Moderna
Obra coletiva concebida, desenvolvida
e produzida pela Editora Moderna.

Editora Executiva:
Ana Claudia Fernandes

NOME: ....
....TURMA: ....
ESCOLA: ....
....

1ª edição

MODERNA

© Editora Moderna, 2019

Elaboração de originais:

Camila Caldas Petroni
Bacharel e Mestre em História pela Pontifícia Universidade
Católica de São Paulo (PUC-SP).
Editora e elaboradora de conteúdos didáticos.

Maria Clara Antonelli
Bacharel e licenciada em História pela Universidade
de São Paulo (USP).
Editora e elaboradora de conteúdos didáticos.

Coordenação editorial: Ana Cláudia Fernandes
Edição de texto: Ofício do Texto Projetos Editoriais
Assistência editorial: Ofício do Texto Projetos Editoriais
Gerência de *design* e produção gráfica: Everson de Paula
Coordenação de produção: Patricia Costa
Suporte administrativo editorial: Maria de Lourdes Rodrigues
Coordenação de *design* e projetos visuais: Marta Cerqueira Leite
Projeto gráfico: Adriano Moreno Barbosa, Daniel Messias, Mariza de Souza Porto
Capa: Bruno Tonel
    Ilustração: Raul Aguiar
Coordenação de arte: Wilson Gazzoni Agostinho
Edição de arte: Teclas Editorial
Editoração eletrônica: Teclas Editorial
Coordenação de revisão: Elaine Cristina del Nero
Revisão: Ofício do Texto Projetos Editoriais
Coordenação de pesquisa iconográfica: Luciano Baneza Gabarron
Pesquisa iconográfica: Ofício do Texto Projetos Editoriais
Coordenação de *bureau*: Rubens M. Rodrigues
Tratamento de imagens: Fernando Bertolo, Joel Aparecido, Luiz Carlos Costa, Marina M. Buzzinaro
Pré-impressão: Alexandre Petreca, Everton L. de Oliveira, Marcio H. Kamoto, Vitória Sousa
Coordenação de produção industrial: Wendell Monteiro
Impressão e acabamento: HRosa Gráfica e Editora
Lote: 287972

Dados Internacionais de Catalogação na Publicação (CIP)
(Câmara Brasileira do Livro, SP, Brasil)

Buriti plus história : caderno de atividades /
organizadora Editora Moderna ; obra coletiva
concebida, desenvolvida e produzida pela Editora
Moderna ; editora executiva Ana Claudia
Fernandes. – 1. ed. – São Paulo : Moderna,
2019. – (Projeto Buriti)

Obra em 4 v. para alunos do 2º ao 5º ano.

1. História (Ensino fundamental) I. Fernandes,
Ana Claudia. II. Série

19-23440   CDD-372.89

Índices para catálogo sistemático:
1. História : Ensino fundamental 372.89

Maria Alice Ferreira — Bibliotecária — CRB-8/7964

ISBN 978-85-16-11761-0 (LA)
ISBN 978-85-16-11762-7 (LP)

EDITORA MODERNA LTDA.
Rua Padre Adelino, 758 – Belenzinho
São Paulo – SP – Brasil – CEP 03303-904
Vendas e Atendimento: Tel. (0_ _11) 2602-5510
Fax (0_ _11) 2790-1501
www.moderna.com.br
2020
Impresso no Brasil

1 3 5 7 9 10 8 6 4 2

Apresentação

CARO(A) ALUNO(A)

Fizemos este Caderno de Atividades para que você tenha a oportunidade de reforçar ainda mais seus conhecimentos em História.

No início de cada unidade, na seção **Lembretes**, há um resumo do conteúdo explorado nas atividades, que aparecem em seguida.

As atividades são variadas e distribuídas em quatro unidades, planejadas para auxiliá-lo a aprofundar o aprendizado.

Bom trabalho!

Os editores

Réplica de embarcação fenícia chamada galé, utilizada há cerca de 2.700 anos.

Sumário

BROTHER LUCK/ALAMY/FOTOARENA

Pintura rupestre em rochas do Saara representando a atividade de pastores sedentários há cerca de 7.000 anos. Região de Tassili, Argélia, 2014.

A formação dos povos

Lembretes

Fixação dos grupos humanos

- O período conhecido como Pré-História da humanidade foi subdividido em **Paleolítico**, **Neolítico** e **Idade dos Metais**.

Paleolítico

- No Paleolítico, foram criados os primeiros objetos de **pedra lascada** e ossos de animais. Esse é um dos motivos que justificam o fato de o período ficar conhecido como **Idade da Pedra Lascada**.

- Os objetos do cotidiano eram utilizados para **caça**, **coleta**, **corte** e **armazenamento de alimentos**.

- Os grupos humanos eram **nômades**, ou seja, não tinham habitação fixa.

Representação de pessoas do período Paleolítico vestidas com peles de animais e desenvolvendo algumas atividades como confecção de instrumentos de pedra, transporte de animal após caça e desenho na parede de uma pedra.

PAULO MANZI

Neolítico

- No Neolítico, o ser humano desenvolveu instrumentos de **pedra polida**, que eram mais cortantes. Esse é um dos motivos que justificam o fato de o período receber o nome de **Idade da Pedra Polida**.

- Os objetos de **cerâmica** foram desenvolvidos para estocar alimentos.

- Muitos grupos começaram a se estabelecer em locais fixos, tornando-se sedentários, e praticar a agricultura e a domesticação de animais.

- O crescimento desses grupos levou à formação das primeiras **aldeias**.

Representação de pessoas do período Neolítico vestidas com peles de animais (algumas delas usando uma espécie de calçado). A cena mostra algumas casas de madeira e telhado de palha, animais (ovelhas e um cachorro) e utensílios como vasilhames de cerâmica.

Idade dos Metais

- Neste período, cerca de 5.000 anos atrás, o ser humano dominou totalmente a técnica de produzir fogo.

- Os objetos de **metais** foram desenvolvidos a partir da mistura de minerais. Mais tarde, foram utilizadas técnicas para **derreter** e **moldar os metais**, a fim de desenvolver instrumentos mais eficazes.

Grupos organizados e agricultura

- O processo de **domesticação de plantas e animais** acarretou intensas mudanças na organização dos grupos humanos e por isso, ficou conhecido como **Revolução Agrícola**.

- Muitos grupos fixaram-se perto dos rios, o que facilitou o acesso à água, que era utilizada para diversos fins.

- As aldeias formadas desenvolveram-se continuamente, dando origem a **cidades**.

- A produção de alimentos começou a ser organizada, e as atividades passaram a ser divididas entre as pessoas.

Ruínas da cidade suméria de Uruk, localizada no atual Iraque, uma das cidades mais antigas da humanidade. Foto de 2010.

Novas formas de organização

- As novas formas de organização social fizeram surgir **lideranças** nos grupos.

- Nas aldeias ou nas cidades, a liderança cabia aos chefes de família, que formavam os **clãs**.

- Os clãs, unidos, formavam **tribos**, que possuíam líderes com poderes político e religioso.

- A produção agrícola excedente era destinada ao **comércio** ou ao sustento de sacerdotes e militares.

- Cada grupo da sociedade passou a ter uma função, de acordo com sua origem.

Sociedade e religiosidade

- Em várias sociedades antigas, os poderes político e religioso estavam relacionados.

- Nos **centros religiosos**, as pessoas praticavam cultos e faziam oferendas às divindades.

- Esses centros recebiam muitas pessoas e alguns deles deram origem a cidades, que eram organizadas de acordo com a **hierarquia** social daquela época.

Registros de memória: cultura material

- Objetos diversos formam a **cultura material** dos povos e, quando preservados, fornecem informações sobre o modo de vida das sociedades do passado.

- Esses objetos podem ser itens de uso cotidiano ou religioso, construções públicas, tipos de moradia, entre outros.

- A **escrita** é uma forma de registro da memória que surgiu há cerca de 5.500 anos.

- Povos antigos desenvolveram diferentes formas de escrita, como a **cuneiforme** (na qual se usavam objetos pontiagudos chamados **cunhas**), a **hieroglífica** e a **pictoglífica** (ambas representadas por meio de símbolos), e o **alfabeto** (com uso de letras).

Hierarquia: organização que estabelece relações com base em uma escala de valor ou importância, crescente ou decrescente, entre pessoas e/ou grupos sociais.

PAULO MANZI

A escrita cuneiforme era gravada em blocos de argila com o auxílio de um tipo de estilete feito de madeira: a cunha.

Atividades

1 Leia o texto a seguir e faça o que se pede.

> Neste momento da história da humanidade, os grupos humanos viviam da caça, da pesca e da coleta de frutos e raízes; viviam se deslocando em busca de alimento e, portanto, eram nômades. Neste mesmo período, começaram a fabricar alguns de seus instrumentos (machados, lanças, facas de pedra).
>
> Augusto Pereira da Rosa; Ester Miriane Zingano. Pré-História: educação para sobrevivência. *Maiêutica*, ano 1, n. 1, p. 34, jan. 2013. Disponível em: <http://mod.lk/wd77e>. Acesso em: 5 fev. 2019.

a) O texto trata de que período da Pré-História da humanidade?

_____

_____

b) Grife o trecho que descreve as atividades realizadas pelas pessoas do período para se alimentar.

c) Circule a palavra que define a forma de vida dos grupos humanos nesse período.

d) Escreva o significado da palavra que você circulou.

_____

_____

_____

2 Sobre a Revolução Agrícola, classifique cada afirmativa como verdadeira (**V**) ou falsa (**F**).

☐ a) A Revolução Agrícola ocorreu antes da domesticação de espécies animais e vegetais.

☐ b) Com a domesticação de plantas e animais, os grupos humanos passaram a se fixar em um local.

☐ c) Uma das consequências do desenvolvimento agrícola foi a diminuição populacional.

☐ d) Grupos maiores de pessoas favoreceram a divisão das atividades voltadas à produção de alimentos.

3 Estas imagens mostram objetos produzidos no período Neolítico. Observe-as e responda às perguntas a seguir.

Pote de cerâmica. Sudoeste da Anatólia, c. 5600-5400 a.C.

Pote de cerâmica, com pinturas do período Neolítico. China, c. 3300-2050 a.C.

a) Quais objetos são mostrados nas imagens?

_____

_____

b) Para que esses utensílios foram criados nesse período da Pré-História?

_____

_____

c) Objetos como esses ainda são utilizados atualmente. O que essa permanência pode significar?

_____

_____

_____

_____

d) Você já viu objetos semelhantes a esses? Onde? Para que serviam?

_____

_____

_____

_____

4 Observe a imagem a seguir e responda às perguntas.

a) O que a imagem mostra?

_____

_____

b) Ao observar a imagem, reflita: qual foi a importância da descoberta do fogo?

_____

_____

c) O domínio do fogo ocorreu de maneira fácil? Explique.

_____

_____

5 Classifique cada alternativa como verdadeira (**V**) ou falsa (**F**).

a) A união de vários clãs deu origem à formação de tribos, que possuíam líderes com poderes político e religioso.

b) A maioria das sociedades antigas formadas depois da Revolução Agrícola apresentava líderes e divisão social de tarefas.

c) Os chefes das tribos eram líderes políticos, mas subordinados ao sacerdote, líder religioso.

6 Complete o texto a seguir com as palavras do quadro.

> alimentos   Agrícola   rio   populacional   aldeias

Com a Revolução _____, houve maior oferta de

_____, o que contribuiu para o aumento da expectativa

de vida. Houve, também, o crescimento _____,

e muitos grupos se fixaram em um local, geralmente próximo a um

_____. Essas características favoreceram a formação

de _____.

7 Classifique a frase e as imagens de acordo com o tipo de escrita que representam. Use as palavras do quadro.

> cuneiforme   hieroglífica   alfabética

a) *Eu gosto de estudar.* _____

b)

c)

_____   _____

8 Assinale a alternativa correta.

☐ a) Nas primeiras aldeias e cidades, a liderança era exercida por todas as pessoas que viviam nelas.

☐ b) Nas tribos, os líderes exerciam somente poder político ou somente poder religioso.

☐ c) A organização social e política das cidades baseava-se na distribuição de funções entre as pessoas.

☐ d) Nas cidades, não havia diferenciação entre as pessoas de acordo com a origem delas.

9 Observe as imagens e responda às questões.

Estátua suméria de cerca de 2900-2600 a.C., encontrada em Eshnunna, atual cidade de Tell Asmar, no Iraque.

Templo de Naga, construído pelo povo kush. Sudão. Foto de 2017.

a) Por que a estátua e o templo fazem parte da chamada cultura material?

_____

_____

_____

b) Por que é importante conhecer a cultura material de outros povos?

_____

_____

_____

10 Leia o texto e faça o que se pede.

O mais antigo sistema de escrita de que se tem notícia foi inventado pelos sumérios, habitantes da antiga Mesopotâmia [...]. Os testemunhos anteriores a essa data, encontrados em vários pontos do Oriente Médio, são sobretudo pictográficos [...], segundo a corrente de estudos mais aceita, uma das primeiras funções da escrita foi o registro das atividades comerciais. Com o crescimento das cidades e a centralização do poder, os funcionários dos templos e palácios passaram a se utilizar de um número cada vez maior e mais complexo de sinais, a princípio ideográficos – por exemplo, o sinal relativo a um boi é semelhante à cabeça desse animal – mas que, ao longo do tempo, foram-se tornando mais e mais estilizados.

Ana Lúcia Merege. A história da escrita: uma introdução. In: *Anais da Biblioteca Nacional*, v. 129, 2009, p. 172-173. Disponível em: <http://mod.lk/EVkpk>. Acesso em: 5 fev. 2019.

Pictográfico: representação de ideias e objetos por meio de desenhos.

Centralização do poder: concentração do poder, exercido por certas pessoas ou grupos.

Ideográfico: representação de ideias por imagens ou símbolos.

a) Circule o nome do povo que inventou a escrita.

b) Grife o trecho que indica uma das primeiras funções da escrita.

c) Que fatores levaram à utilização de um número cada vez maior e mais complexo de sinais no desenvolvimento da escrita?

_____

_____

_____

11 Relacione as colunas.

a) Centros religiosos

☐ Objetos preservados que fornecem informações sobre o modo de vida das sociedades do passado.

b) Cultura material

☐ Locais onde eram praticados cultos e feitas oferendas a divindades.

c) Escrita

☐ Forma utilizada para registrar a memória de um povo, surgida há, aproximadamente, 5.500 anos.

Os primeiros núcleos populacionais

Lembretes

Os primeiros núcleos populacionais

- Os primeiros **núcleos populacionais** surgiram no período **Neolítico**, com o desenvolvimento da agricultura e a domesticação dos animais, o que levou à **sedentarização** de alguns grupos humanos.

- As primeiras **aldeias** surgiram em torno do rio Nilo, no Egito, e dos rios Tigre e Eufrates, na Mesopotâmia.

- As cheias desses rios fertilizavam as áreas próximas às suas margens, favorecendo a atividade agrícola.

- Os habitantes dessas regiões viviam da caça, da coleta de alimentos e do artesanato.

As cidades

- O surgimento de diversas cidades da África e da Mesopotâmia, há cerca de 6.000 anos, esteve ligado ao desenvolvimento comercial.

- Casas e oficinas ocupavam ruas em torno de pequenas praças, onde ocorriam as feiras.

- Algumas cidades tiveram seus domínios expandidos, levando à formação de impérios.

- As expansões territorial e populacional geraram mudanças administrativas, como a criação de órgãos para arrecadar impostos, aplicar leis e defender as cidades.

- Para dinamizar a administração, os povos das cidades, em especial os sumérios e os egípcios, criaram formas de registro como a escrita. Ela possibilitou controlar a cobrança de impostos, registrar leis e emitir decretos.

A cidade da Babilônia, há 2.600 anos, era protegida por grandes muralhas. Iraque. Foto de 2008.

DEA/C. SAPPA/DEAGOSTINI/GETTY IMAGES

A organização da vida social

- Os sumérios foram um dos primeiros povos da **Mesopotâmia**. Eles criaram cidades independentes, como Ur, Uruk e Eridu, que tinham seus próprios sistemas administrativo e jurídico, e a maior parte da população trabalhava nos campos.

- No **Egito**, as cidades faziam parte de um império governado por um **faraó**, que era ao mesmo tempo líder político e religioso.

- Nessas cidades, grande parte do trabalho era realizada por camponeses, artesãos e pessoas escravizadas.

- Tanto os egípcios como os sumérios eram **politeístas** e suas sociedades apresentavam-se **hierarquizadas**.

> **Politeísta:** aquele que acredita em vários deuses.
>
> **Hierarquizado:** organizado em hierarquia, em diferentes níveis ou camadas.

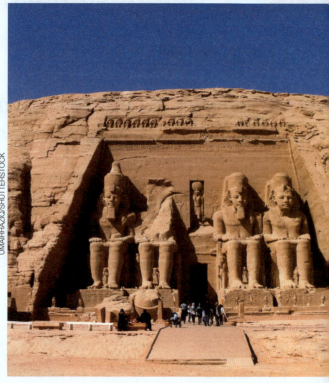

Complexo arqueológico de Abu Simbel, no Egito, em 2018. Foi construído a mando do faraó Ramsés II, no século XIII a.C., e passou por transformações ao longo do tempo. Os faraós egípcios exerciam as funções políticas e religiosas na administração do império.

Fonte: *A aurora da humanidade*. Rio de Janeiro: Time-Life/Abril Livros, 1993. (Coleção História em revista).

Cidades e impérios da Mesopotâmia

- Há cerca de 4.200 anos, os sumérios foram dominados pelos **acádios**, que unificaram as cidades sob o comando de um rei.

- Por volta de 3.800 anos atrás, a região foi conquistada pelos **babilônios**, que formaram um império com várias cidades e grandes construções. Mais tarde, a região foi dominada pelos **persas**.

- Na Mesopotâmia, existiam dois grupos linguísticos: o sumério e o acádio.

Cidadania no passado e no presente

- Na Babilônia, um tratado jurídico chamado **Código de Hamurabi** dividia a sociedade entre trabalhadores livres, escravos e ricos. As leis favoreciam os homens e os grandes proprietários.

- Na **Roma antiga**, os grandes proprietários de terras desfrutavam de mais direitos, e a participação na vida política não se estendia a todas as pessoas.

- Em Atenas, na **Grécia antiga**, surgiu o modelo político chamado **democracia**, segundo o qual somente as pessoas consideradas cidadãs podiam participar das decisões políticas.

- A palavra **cidadania** refere-se aos direitos e deveres de um indivíduo e de toda uma sociedade. Ela é uma conquista histórica de povos que se empenharam para acabar com as desigualdades. No Brasil, por exemplo, de acordo com as leis, todos são considerados cidadãos, com garantia de direitos iguais.

Um dos direitos que garante a cidadania e a formação integral do indivíduo é o acesso à educação. Na foto, crianças de uma escola municipal de São Paulo (SP) participam de uma atividade didática. Foto de 2014.

Atividades

1 Assinale a alternativa correta sobre o surgimento das aldeias.

☐ **a)** As primeiras aldeias surgiram no Egito.

☐ **b)** As primeiras aldeias surgiram na Mesopotâmia.

☐ **c)** As moradias passaram a ser construídas distantes dos campos de cultivo.

☐ **d)** A sedentarização, provocada pelo desenvolvimento da agricultura e da domesticação dos animais, favoreceu o surgimento das primeiras aldeias.

2 Sobre as cidades, classifique cada afirmativa como verdadeira (**V**) ou falsa (**F**).

☐ **a)** O desenvolvimento da produção levou à criação de espaços para o comércio.

☐ **b)** As cidades, equipadas com casas e oficinas, surgiram em torno de praças onde ocorria o comércio.

☐ **c)** Na Mesopotâmia, há cerca de 6.000 anos, os sumérios fundaram pequenas cidades.

☐ **d)** A maior oferta de produtos fez com que o comércio entre os diferentes povos diminuísse.

• Reescreva as frases falsas, corrigindo-as.

_____

_____

3 Com a formação das primeiras cidades e a maior oferta de produtos, foram criados órgãos administrativos e jurídicos. Cite uma das funções desses órgãos.

_____

_____

_____

4 Leia o texto a seguir e faça o que se pede.

> As cidades surgiram há cerca de cinco mil anos, quando alguns dos grandes vales fluviais do mundo testemunharam rápidas mudanças no desenvolvimento humano. Em um período de poucos séculos, as terras férteis, lavradas com êxito, tornaram-se densamente povoadas. No [vale do rio] Nilo, a população multiplicada levou [...] à criação de um Estado egípcio unificado. Na Mesopotâmia (Iraque moderno), na terra entre os rios Tigre e Eufrates, o excedente agrícola e a população que ele podia sustentar produziram assentamentos de trinta a quarenta mil pessoas – tamanho nunca antes visto – e as primeiras cidades [...].
>
> Neil MacGregor. *A história do mundo em 100 objetos.*
> Rio de Janeiro: Intrínseca, 2013.

a) Grife no texto os locais onde se desenvolveram as primeiras cidades.

b) Cite as características dessas cidades em razão do crescimento populacional no Egito e na Mesopotâmia.

_____

_____

_____

_____

_____

5 Escreva **M** para Mesopotâmia ou **E** para Egito.

◻ a) A região foi dominada por vários povos, que formaram impérios.

◻ b) O trabalho era feito principalmente por camponeses, artesãos e pessoas escravizadas.

◻ c) Cada cidade apresentava seus próprios sistemas administrativo e jurídico.

◻ d) As cidades faziam parte de um império comandado pelo faraó.

6 Cite uma característica em comum entre os egípcios e os sumérios.

_____

_____

_____

_____

7 Observe a imagem a seguir, leia a legenda e faça o que se pede.

O escriba sentado, c. 2600-2350 a.C. Foto de 2013. A obra foi encontrada em Saqqara, Egito, em 1850, pelo arqueólogo francês Auguste Mariette (1821-1881).

a) Descreva a imagem.

_____

_____

_____

b) Qual era a função dos escribas do Egito antigo?

_____

_____

c) Que elemento da imagem pode ser relacionado à atividade dos escribas?

_____

_____

8 Por que diversos povos disputavam a região da Mesopotâmia?

_____

_____

_____

9 Observe a imagem a seguir e responda às perguntas.

Representação de parte da Babilônia, na antiga Mesopotâmia.

a) Cite uma característica do Império Babilônico que pode ser vista na imagem.

_____

_____

b) Na cidade onde você vive, existem grandes construções? Para que elas servem?

_____

_____

_____

10 Complete a frase corretamente usando as palavras do quadro.

> linguísticos   Mesopotâmia   cultura

Os povos da _____ falavam línguas diferentes,

que tinham como base dois grandes grupos _____:

o sumério e o acádio. Havia, portanto, diferenças e semelhanças

entre a _____ dos povos mesopotâmios.

11 Relacione as colunas.

a) Cidades   ☐   Uma das grandes cidades da Mesopotâmia, existente há cerca de 6.000 anos.

b) Uruk   ☐   Uma de suas funções passou a ser o comando das cidades, conforme as tarefas administrativas tornaram-se mais complexas.

c) Reis   ☐   Sua origem se relaciona à grande variedade de produtos comercializados.

12 Numere os itens de acordo com a ordem de atuação dos povos que dominaram a Mesopotâmia ao longo do tempo.

☐ Babilônios   ☐ Persas   ☐ Acádios

- Escolha um dos povos listados anteriormente e pesquise uma característica relativa à forma de organização política, social ou cultural.

_____

_____

_____

_____

_____

_____

13 Observe a imagem a seguir e leia a legenda. Depois, responda às perguntas.

A pintura mostra o modo como os egípcios preparavam a terra para o plantio. Neste caso, a imagem retrata o cultivo de trigo, em c. 1580-1314 a.C.

a) No Egito antigo, quem realizava a maior parte do trabalho no campo e na cidade?

_____

_____

_____

b) A imagem mostra o trabalho sendo realizado no campo ou na cidade? Explique.

_____

_____

_____

_____

14 Identifique as alternativas incorretas.

a) Nas cidades antigas, todas as pessoas tinham os mesmos direitos.

b) Na Roma antiga, as pessoas não tinham os mesmos direitos.

c) Na Babilônia, o Código de Hamurabi dividia a sociedade em três grupos.

d) Na Grécia antiga foi adotada a democracia, mas esta surgiu em outra região.

15 Encontre no diagrama:

a) Palavra que se refere aos direitos e aos deveres de todas as pessoas em uma sociedade.

b) Local no qual surgiu o modelo político conhecido como democracia.

c) Termo que designa as pessoas que podiam participar das decisões políticas na Grécia antiga.

d) Aquilo que é garantido a todas as pessoas, de acordo com a ideia de cidadania que se tem atualmente.

T	C	G	G	U	I	K	D	S	W	A	D
B	V	R	F	Q	H	M	V	E	I	V	G
R	I	É	T	R	H	S	A	B	C	C	H
S	H	C	I	D	A	D	A	N	I	A	T
Y	N	I	H	D	W	A	Z	K	D	L	M
W	S	A	F	C	V	E	T	U	A	S	R
J	E	G	C	Q	A	Z	N	M	D	E	T
K	S	F	V	B	N	O	A	R	Ã	T	B
U	R	D	I	R	E	I	T	O	S	L	L
C	F	R	K	L	R	R	E	A	Q	J	Z

A vida na Antiguidade

Lembretes

Cultura e religião

- A **religiosidade** era importante para os primeiros grupos humanos, que acreditavam que as divindades controlavam os fenômenos naturais, como nascimentos e chuvas.

- Os **cultos** religiosos envolviam música, dança e práticas como sacrifícios e oferendas destinados aos deuses.

Religiões politeístas

- Os mesopotâmicos, os egípcios e os gregos são exemplos de povos **politeístas**, ou seja, que acreditavam em vários deuses.

- Os povos da Mesopotâmia construíram **grandes templos**, locais sagrados de adoração a um ou mais deuses.

- Os egípcios acreditavam na **vida após a morte**, e seus deuses eram representados sob formas humanas e de animais.

- Os deuses gregos tinham características e comportamentos **semelhantes aos dos seres humanos**, demonstrando amor, ciúmes, ira, inveja etc.

BRITISH MUSEUM, LONDON

Representação de deuses mesopotâmicos em selo acadiano feito em pedra, cerca de 2300 a.C. Da esquerda para a direita: um deus de caça; Ishtar, deusa do amor; Ea, deus da água; Shamash, deus do sol.

Religiões monoteístas

- O **judaísmo**, o **cristianismo** e o **islamismo** são religiões **monoteístas**, pois seus fiéis acreditam na existência de uma única divindade.

- O judaísmo desenvolveu-se na sociedade dos hebreus, na Antiguidade. Seu livro sagrado é a **Torá**.

- O cristianismo formou-se na sociedade hebraica e seus adeptos acreditam que Jesus Cristo é o messias enviado por Deus. Tornou-se a religião oficial do Império Romano em 380. Seu livro sagrado é a **Bíblia**.

- O islamismo surgiu na península Arábica há cerca de 1.400 anos e é representado por Maomé como seu profeta. Seu livro sagrado é o **Alcorão**.

Ásia e África

- O **hinduísmo** surgiu na Índia há mais de 3.000 anos e seus adeptos acreditam em diversas divindades. Suas escrituras estão em quatro livros sagrados cujo conjunto intitula-se **Vedas**.

- O **budismo** foi fundado por Buda há milhares de anos na Ásia e tem grande número de adeptos no Japão, na China e em outras partes do Sudeste Asiático.

- Há grande diversidade religiosa na África. O **iorubá** é uma das religiões mais antigas e seus adeptos acreditam no ser supremo Olodumare, ou Olorum, e nas divindades (orixás) criadas por ele.

Patrimônio cultural dos povos antigos

- A arte, a arquitetura, a literatura, a religião e as lendas, entre outros elementos, formam o **patrimônio cultural** de um povo.

- As construções, as esculturas, as pinturas, os livros, entre outros elementos, formam a chamada **cultura material**.

- As tradições orais, os saberes, a música, as danças e a alimentação constituem a chamada **cultura imaterial**.

- O contato entre as diferentes sociedades possibilitou as **trocas culturais** no período da Antiguidade, fato que ocorre até os dias atuais.

- As trocas culturais entre as diferentes sociedades contribuem para o desenvolvimento de novas técnicas, novos pontos de vista e formas de organização política e social.

O cotidiano no mundo antigo

- No mundo antigo, a maioria das pessoas organizava seu cotidiano dividindo-o entre as atividades domésticas, as religiosas, as de trabalho e as de lazer.

Mesopotâmia

- As **casas** eram espaço de convívio, culto aos ancestrais e moradia.

- As **mulheres** de família rica recebiam dote para casar. A maioria delas não trabalhava fora de casa, ao contrário das mulheres de origem pobre, que precisavam ganhar o próprio sustento.

- Alguns meninos frequentavam a Eduba, espécie de **escola** onde aprendiam a escrita.

Egito antigo

- As pessoas viviam em pequenas **vilas**. No interior das casas, havia espaço para cultos religiosos.

- Mulheres e homens desenvolviam atividades essenciais à alimentação, mas somente os homens caçavam.

- As mulheres podiam exercer as mesmas profissões que os homens e administrar seus bens, mas não ocupavam cargos relacionados ao poder do Estado.

- As crianças começavam a trabalhar cedo, aprendendo o ofício do pai ou tornando-se escribas.

Grécia antiga

- A maioria das mulheres gregas não tinha acesso à educação ou à atividade política, mas elas podiam ser sacerdotisas.

- Em **Esparta**, os meninos eram educados para a guerra e as meninas recebiam treinamentos para serem mães de futuros guerreiros.

- Em **Atenas**, os meninos de família rica recebiam educação formal e as meninas eram educadas para a vida doméstica e a maternidade.

- Para exercerem bem seu papel de mãe, as meninas recebiam um forte treinamento físico e psicológico. Elas aprendiam também a fiar, tecer, cozinhar e brincavam com bonecas.

FRANÇOIS GUÉNET/AKG-IMAGES/ALBUM/LATINSTOCK

Pintura egípcia de cerca de 3 300 anos retratando o faraó Ramsés I entre os deuses Hórus (esquerda) e Anúbis (direita). A pintura é um patrimônio cultural do Egito antigo.

Atividades econômicas e tecnologia na Antiguidade

- Na Mesopotâmia e no Egito antigo, foram desenvolvidos **sistemas de irrigação** para tornar a agricultura mais eficiente.

- Nos centros urbanos da Mesopotâmia e do Egito, havia grande **variedade de profissionais**, como artesãos, ferreiros e escribas.

- Os povos da Antiguidade desenvolveram a **ciência**, especialmente os conhecimentos na área da medicina e da astronomia. Por meio da **tecnologia**, construíram barcos, que impulsionaram o **comércio no mar Mediterrâneo**, e grandiosas obras, como aquedutos, palácios e templos.

Gravuras de embarcações do Egito antigo utilizadas para navegar pelo mar Mediterrâneo, importante rota de comércio na Antiguidade.

Atividades

1 Complete as lacunas com as palavras do quadro.

> forças da natureza   mágicas   religiosidade
>
> divindades   música

A _____ era muito importante no cotidiano dos

primeiros grupos humanos. Para eles, as _____

tinham forte ligação com as _____. Os cultos

religiosos desses grupos envolviam _____, danças

e práticas consideradas _____.

2 Escreva **P** para politeístas ou **M** para monoteístas, a fim de identificar o sistema de crença de cada grupo a seguir.

- ☐ **a)** Egípcios antigos

- ☐ **b)** Cristãos

- ☐ **c)** Judeus

- ☐ **d)** Gregos antigos

- ☐ **e)** Mesopotâmicos

- ☐ **f)** Islâmicos

3 Relacione as colunas.

a) Budismo   ☐ De origem africana, promove o culto a várias divindades.

b) Hinduísmo   ☐ De origem asiática, seu fundador é Buda.

c) Iorubá   ☐ De origem indiana, possui centenas de divindades.

4 A imagem a seguir faz parte do *Livro dos Mortos*. Observe-a, leia a legenda e responda às perguntas.

Página do *Papiro de Ani* ou *Livro dos Mortos*, produzido no Egito, aproximadamente em 1250 a.C.

a) Que elemento da imagem mostra que a cena retrata um julgamento?

_____

_____

b) Para os egípcios, o que acontecia com as pessoas após a morte?

_____

_____

_____

c) Que característica importante dos deuses egípcios é mostrada na imagem?

_____

_____

_____

5 Leia os textos a seguir e faça o que se pede.

Texto I

O judaísmo não envolve apenas rituais, cerimônias e conhecimentos religiosos. [...] Para quaisquer circunstâncias e situações de vida, estão previstos comportamentos específicos. De fato, a Torá, o livro das leis judaicas, estabelece claramente quais são as ações corretas a realizar.

Claudio Blanc. Judaísmo: um sistema de vida. In: *História das religiões*: especial. São Paulo: On Line, 2016. p. 31.

Texto II

Quando buscamos as raízes do cristianismo, a Bíblia é a principal fonte de nosso conhecimento [...]. Além disso, temos indícios arqueológicos e fragmentos escritos [...] de outros livros, mas a Bíblia é de longe a mais importante, e em muitos casos a única fonte para os acontecimentos que ela registra.

Michael Collins; Matthew A. Price. *História do cristianismo*: 2000 anos de fé. São Paulo: Edições Loyola, 2000. p. 14.

Texto III

Os muçulmanos acreditam que o islamismo é a mãe de todas as religiões. Seu fundador, o profeta Maomé, representa a última palavra de Deus na Terra. [...] ainda mais sagrado que o próprio Maomé é o livro deixado por ele para a humanidade, o Qur'an (Alcorão) [...].

Martyn Oliver. *História ilustrada da Filosofia*: os grandes filósofos, de 2000 a.C. aos dias de hoje. São Paulo: Manole, 1998. p. 34.

a) Circule nos textos o nome das religiões descritas em cada caso.

b) Grife nos textos os nomes dos livros sagrados pertencentes a essas religiões.

c) O que essas religiões têm em comum?

_____

_____

6 Escreva **M** para identificar o que faz parte da cultura material ou **I** para identificar o que faz parte da cultura imaterial de um povo.

a) Tradições orais

b) Saberes

c) Tumbas funerárias

d) Música

e) Construções

f) Esculturas

g) Alimentação

7 Encontre no diagrama as palavras correspondentes às frases a seguir.

a) Espécie de escola frequentada apenas por meninos na Mesopotâmia.

b) Locais formados por casas no Egito antigo, onde as pessoas viviam.

c) Atividade praticada somente pelos homens no Egito antigo.

d) Função que as mulheres podiam exercer na Grécia antiga.

e) Finalidade da educação dos meninos em Esparta.

f) Uma das finalidades da educação das meninas em Atenas.

T	B	E	R	T	A	B	N	I	V	P	V	F
D	C	D	N	G	D	E	S	Q	I	B	X	B
O	E	C	V	U	B	X	A	H	L	E	A	X
S	M	A	T	E	R	N	I	D	A	D	E	Y
K	X	S	U	R	I	V	T	A	S	U	A	T
Q	E	A	F	R	N	O	G	W	C	B	I	M
H	R	S	C	A	C	E	C	A	Ç	A	J	E
Q	T	R	T	O	A	V	I	Ç	K	L	A	K
R	S	A	C	E	R	D	O	T	I	S	A	H
N	C	D	N	M	D	E	S	Q	R	E	W	U

8 Indique se as afirmativas a seguir referem-se ao Egito antigo ou à Grécia antiga.

a) As mulheres não tinham acesso à educação nem às atividades políticas.

_____

b) As mulheres podiam exercer as mesmas profissões que os homens, mas não ocupavam cargos no Estado nem caçavam.

_____

c) As mulheres podiam administrar os próprios bens.

_____

d) As mulheres eram treinadas desde cedo a exercer a maternidade.

_____

9 Assinale a alternativa correta. Depois, reescreva as alternativas incorretas, corrigindo-as.

☐ a) Na Mesopotâmia, meninos e meninas frequentavam a escola.

☐ b) Em Esparta, na Grécia, as meninas eram educadas para serem guerreiras.

☐ c) Em Atenas, na Grécia antiga, as meninas eram educadas para serem mães e cuidar do lar.

☐ d) No Egito antigo, as crianças só começavam a trabalhar quando chegavam à idade adulta.

• **Correção**

_____

_____

_____

_____

_____

10 Leia o texto a seguir e responda às perguntas.

A medicina [...] estava [...] misturada com a magia. [...] não havia uma linha clara que demarcasse os limites entre a ciência e a religião. [...]

Ainda assim, não deixa de ser surpreendente o que sabiam no campo da Medicina [...]

Os egípcios antigos aprenderam muito sobre a anatomia humana graças à tradição de mumificação. [...]

Isso permitiu que entendessem o suficiente do assunto para fazer cirurgias, [...] desde a perfuração de crânios até a remoção de tumores.

As práticas médicas do Egito Antigo que são usadas até hoje. *BBC Brasil*, 17 jul. 2017.
Disponível em: <http://mod.lk/GKr9M>. Acesso em: 7 fev. 2019.

a) De acordo com o texto, a que aspecto estava ligada a medicina no Egito antigo?

_____

_____

_____

_____

b) O que permitiu que os egípcios aprendessem sobre a anatomia humana?

_____

_____

_____

_____

c) Na atualidade, ainda utilizamos práticas médicas originadas do Egito antigo? Explique sua resposta.

_____

_____

_____

11 Observe as imagens a seguir para responder às perguntas.

Pirâmides de Gizé, no Egito. Foto de 2017.

Ruínas do Parthenon, templo religioso da Grécia antiga. Foto de 2018.

a) De que maneira essas construções nos ajudam a entender aspectos da história dos povos egípcio e grego?

_____

_____

_____

_____

b) No Egito e na Grécia, essas construções eram utilizadas para fins religiosos. Que característica dessas construções mostra a importância da religiosidade para esses povos?

_____

_____

_____

_____

c) Essas construções são exemplos de que tipo de patrimônio cultural?

_____

_____

_____

12 Observe a imagem. O que ela mostra? Assinale a alternativa correta.

a) Um sistema de irrigação desenvolvido na Grécia.

b) Uma atividade de irrigação desenvolvida no Egito.

c) Uma atividade de irrigação desenvolvida na Mesopotâmia.

13 Leia o texto a seguir e faça o que se pede.

> Na Antiguidade, os egípcios, os fenícios, os gregos e outros povos criaram grandes civilizações na região do Mediterrâneo. Eles viajavam por suas águas para comerciar com outros povos. Além disso, usavam o mar como rota para expandir seus territórios.
>
> Mar Mediterrâneo. *Britannica Escola.*
> Disponível em: <http://mod.lk/osa0O>. Acesso em: 7 fev. 2019.

a) Circule no texto o nome dos povos da Antiguidade que praticavam o comércio marítimo no mar Mediterrâneo.

b) Sublinhe no texto a outra finalidade do Mar Mediterrâneo, além de favorecer o comércio.

c) Que tecnologia desenvolvida por esses povos possibilitou a prática do comércio marítimo?

_____

_____

Lembretes

A humanidade e o tempo

- Para **medir o tempo**, os grupos humanos criaram diferentes instrumentos. Um dos primeiros foi o relógio de sol, criado há mais de 4.000 anos.

- Os tipos de relógio inventados reduziram a necessidade de **observação da natureza** para marcar as horas e organizar as atividades cotidianas.

- A **percepção da passagem do tempo** não é igual para todas as pessoas em todas as sociedades.

- Muitas sociedades antigas construíram seus **calendários** com base nos ciclos solares ou nos ciclos lunares. A **observação da natureza** e a **astronomia** foram importantes para a criação dos calendários.

- Os sumérios, na Mesopotâmia, organizaram o tempo em 12 meses.

- Os egípcios criaram seu primeiro calendário solar há cerca de 5.000 anos.

- Os maias, na América, desenvolveram um calendário composto de 365 dias e baseado nas fases da Lua.

Relógio de sol na Rússia.
Foto de 2018.

KEKYALYAYNEN/SHUTTERTOCK

Investigação histórica

- As fontes históricas podem ser **materiais** ou **imateriais**. Além disso, podem ser classificadas em **documentos oficiais** (produzidos por órgãos oficiais) ou **documentos não oficiais** (produzidos por pessoas comuns, que não atuam nas instituições ligadas ao poder).

- Para analisar o passado, também é possível analisar os **vestígios arqueológicos**, como os **sítios arqueológicos**.

- Para fazer suas pesquisas, **historiadores** e **arqueólogos** consultam **arquivos**, **bibliotecas**, entre outras fontes.

- As fontes históricas físicas (gravadas) podem ser **iconográficas** (imagens), **manuscritas** (feitas à mão) ou **impressas**.

Lei Áurea, Rio de Janeiro, 1888, documento oficial que extinguiu a escravidão no Brasil. O estudo de documentos oficiais propicia ao historiador conhecer as políticas oficiais adotadas ou já vigentes em um país em determinado período.

Monumento Nacional Ruínas Engenho São Jorge dos Erasmos, em Santos (SP). Foto de 2012. O engenho configura-se como sítio arqueológico, e a investigação de sua estrutura dá pistas aos estudiosos sobre o funcionamento do engenho de açúcar no início da colonização do então território brasileiro pelos portugueses.

FOTOS: KEKYALYAYNEN/SHUTTERTOCK

Marcos de memória

- A **memória** é a capacidade de conservar determinadas informações. Ela pode ser **individual**, relacionada a eventos pessoais, ou **coletiva**, referente a lembranças de vivências de um determinado grupo de pessoas.

- A memória coletiva pode ser preservada nos denominados **lugares de memória** (arquivos públicos, bibliotecas, museus, monumentos, aniversários de eventos, santuários, entre outros).

- A memória coletiva estabelece **marcos de memória** para pequenos ou grandes grupos.

- A memória coletiva pode ser resgatada por meio de registros escritos, de imagens ou da **História oral** (que reúne depoimentos de pessoas sobre determinados acontecimentos históricos).

- A **historiografia** é o conjunto de conhecimentos produzido por um grupo de estudiosos sobre determinado período com base na análise de fontes.

Registros de memória

- Alfabetos, números, obras de arte, culinária, palácios e templos são exemplos de legados dos povos do passado que compõem o **patrimônio cultural da humanidade**.

- Esse patrimônio é classificado em **material** ou **imaterial**. O patrimônio material engloba um objeto físico, como obras arquitetônicas e suas ruínas – é o caso do Monumento Nacional Ruínas Engenho São Jorge dos Erasmos, na cidade de Santos, no estado de São Paulo. Já o patrimônio imaterial reúne práticas e costumes de determinados grupos – por exemplo, as práticas gastronômicas, como a produção do acarajé.

Mulher com roupa típica preparando massa de acarajé, em 2015. O Ofício das Baianas de Acarajé tornou-se patrimônio imaterial em 2005. Conta com a participação majoritária de mulheres, e a produção e a venda do acarajé ocorrem em espaços públicos de Salvador, na Bahia, como ruas, praças, à beira de praias e em eventos culturais da cidade.

RUBENS CHAVES/PULSAR IMAGENS

Atividades

1 Assinale a afirmativa correta.

☐ **a)** Antes da invenção dos relógios, as horas eram marcadas pelos rituais religiosos, celebrados geralmente no início, no meio e no fim do dia.

☐ **b)** O uso de instrumentos para marcar o tempo reduziu a necessidade de observar a natureza.

☐ **c)** Os primeiros relógios utilizados pelos grupos humanos foram os relógios de água.

2 Preencha as lacunas com as palavras do quadro.

> natureza   4.000   tempo   sol

Um dos primeiros instrumentos criados para a medição do tempo foi

o relógio de _____. Ele foi criado há cerca de

_____ anos. As invenções desenvolvidas para medir

e controlar a passagem do _____ reduziram a

necessidade de observar a _____.

3 Relacione as colunas.

a) Sumérios   ☐ Desenvolveram o primeiro calendário solar, há mais de 4.000 anos.

b) Egípcios   ☐ Estabeleceram um sistema de medição do tempo dividido em 12 meses.

c) Maias   ☐ Desenvolveram um calendário composto de 365 dias e baseado nas fases da Lua.

4 Leia o texto a seguir para responder às perguntas.

> Estudamos e ensinamos História para sermos conhecedores do passado e produtores de nosso presente. Estudamos para conhecer outras culturas e para entendermos como a nossa se formou. Estudamos história porque ela é uma parte da humanidade [...]. Porque ela conta um pouco de todos nós e porque somos frutos dela.
>
> Thiago Acácio Raposo. Por um ensino de História para a vida. In: André Bueno e outros (Org.). *Um pé de História*: estudos sobre aprendizagem histórica. Rio de Janeiro/União da Vitória: Edição Especial Ebook LAPHIS/Sobre Ontens, 2017. p. 367.

a) Cite dois motivos que explicam por que estudamos História, de acordo com o texto.

_____

_____

_____

_____

b) Você concorda com a opinião do autor do texto? Por quê?

_____

_____

_____

5 Escreva **V** para as informações verdadeiras ou **F** para as informações falsas. Depois, reescreva as frases falsas, corrigindo-as.

☐ a) As fontes históricas são documentos oficiais.

☐ b) Documentos oficiais e documentos não oficiais são fontes históricas.

☐ c) As fontes históricas são essenciais para investigar e compreender o passado.

_____

_____

6 Relacione os tipos de fonte da primeira coluna a seus respectivos exemplos.

1 Iconográficas

2 Manuscritos

☐ Cartas escritas à mão

☐ Fotografias

☐ Documento da Igreja de Roma do século X

☐ Pinturas

7 Leia o texto a seguir e faça o que se pede.

Conhecer sítios arqueológicos, locais onde foram encontrados vestígios de ocupação humana, é importante para a compreensão sobre a evolução das sociedades.

No território brasileiro, por exemplo, existem mais de 20 mil sítios arqueológicos, segundo o Instituto do Patrimônio Histórico e Artístico Nacional (Iphan). Pelo mundo são milhares, classificados por categoria. Eles são tombados como patrimônios da Humanidade pela Unesco e são preservados, a partir da descoberta, e acompanhados pelos arqueólogos.

Lucianna Rodrigues. Sítios arqueológicos despertam o interesse e a curiosidade dos viajantes. *Correio Braziliense*, Brasília, 6 abr. 2018. Disponível em: <http://mod.lk/PGqTm>. Acesso em: 7 fev. 2019.

a) Sublinhe no texto o significado de **sítios arqueológicos**.

b) Circle no texto o nome dos profissionais que trabalham nos sítios arqueológicos.

c) Segundo o texto, por que é importante conhecer sítios arqueológicos?

_____

_____

_____

_____

_____

_____

_____

8 Marque com um **X** as fontes históricas **não oficiais**.

Capa de uma Carteira de Trabalho e Previdência Social utilizada no Brasil.

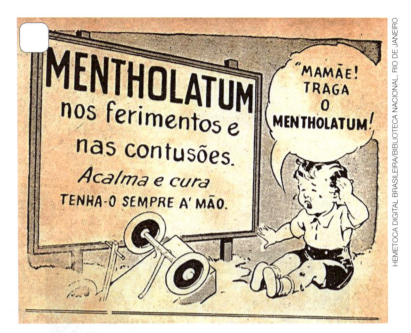

Propaganda de uma página da revista *Careta*, n. 1675, publicada em agosto de 1940, no Rio de Janeiro (RJ).

Juramento do imperador dom Pedro I à Constituição. Rio de Janeiro (RJ). Foto de 1824.

Grafite do artista Binho Ribeiro, na parte inferior do elevado Presidente João Goulart, na capital do estado de São Paulo (SP). Foto de 2016.

9 O que são **lugares de memória**? Dê um exemplo de lugar de memória existente em seu município.

_____

_____

_____

_____

10 Observe as imagens a seguir. Depois, assinale aquela que não representa um lugar de memória.

Prédio do Museu Afro Brasil, localizado no Parque do Ibirapuera, na capital do estado de São Paulo. Foto de 2019.

Vista da cidade de Recife, no estado de Pernambuco. Foto de 2010.

Igreja de São Francisco, localizada no largo do Cruzeiro de São Francisco, no município de Salvador, no estado da Bahia. Foto de 2016.

Parque da Independência e Museu Paulista, na cidade de São Paulo (SP), em 2018.

11 Leia o texto a seguir e responda às questões.

> As marcas de memória registradas nos espaços, feitas através da construção de objetos materiais, são, também, de extrema importância para a ==evocação== do passado que "não deve ser esquecido". Nos espaços construídos para representação de memórias são construídos monumentos, estátuas, placas [...].
>
> Maria Helena Rolim Capelato. Ditaduras no Cone Sul: memórias traumáticas e conflitos de memória. In: Antônio Torres Montenegro e outros (Org.). *História, cultura e sentimento*: outras Histórias do Brasil. Recife: Editora UFPE; Cuiabá: EdUFMT, 2008. p. 499.

Evocar: ação de lembrar. No texto, refere-se a recordar o passado.

a) Segundo o texto, como são feitas as marcas de memória nos espaços?

_____

_____

_____

_____

b) Por que essas marcas são de extrema importância?

_____

_____

_____

c) Em sua opinião, por que o passado precisa ser evocado e não pode ser esquecido?

_____

_____

_____

_____

_____

12 Classifique as afirmações a seguir em verdadeira (**V**) ou falsa (**F**). Depois, corrija as afirmações incorretas.

- [ ] **a)** A memória coletiva pode ser preservada no que chamamos de lugares de memória, como bibliotecas e museus.

- [ ] **b)** Registros escritos, imagens e depoimentos são fontes que podem ser consultadas para o estudo de determinada sociedade e de sua memória coletiva.

- [ ] **c)** A diferença entre memória individual e memória coletiva é que a primeira remete às lembranças e aos registros de apenas uma pessoa e a segunda, à memória de duas pessoas.

- [ ] **d)** O estudo da memória de uma sociedade acontece por meio do contato do historiador com depoimentos orais, e não da investigação de fontes escritas.

- **Correção**

_____

_____

_____

_____

_____

13 A frase do quadro é a resposta de uma das atividades listadas nos itens. Identifique a alternativa que apresenta a atividade correta.

> Obras arquitetônicas são exemplos do primeiro caso, enquanto práticas, como a gastronomia, são exemplos do segundo caso.

- [ ] **a)** Cite um exemplo de lugar de memória e um de sítio arqueológico.

- [ ] **b)** Dê um exemplo de fonte iconográfica manuscrita e de impressa.

- [ ] **c)** Cite um exemplo de patrimônio material e de um patrimônio imaterial.

- [ ] **d)** Dê um exemplo de local consultado por historiadores e de outro frequentado por arqueólogos para seus estudos.

14 Identifique no diagrama os termos que completam as lacunas a seguir.

a) Depoimentos de pessoas que presenciaram eventos históricos são um

dos tipos de relato que compõem a História _____.

b) A _____ é o conjunto de trabalhos e análises

sobre determinado período ou sociedade do passado.

c) Os legados deixados por diferentes povos e sociedades formam o

_____ cultural da humanidade.

d) O patrimônio de determinada sociedade pode ser _____,

formado por objetos concretos, ou _____, composto
de práticas e costumes.

D	L	I	R	O	B	F	E	A	O	P	T	R	D
A	P	A	T	R	I	M	Ô	N	I	O	V	U	E
X	C	S	T	A	V	A	C	E	M	J	L	Ç	O
T	K	G	V	L	X	T	T	R	A	V	T	C	D
A	O	P	T	R	D	E	A	E	T	R	S	E	W
B	M	J	H	T	A	R	C	E	E	V	E	R	P
H	I	S	T	O	R	I	O	G	R	A	F	I	A
C	N	H	G	C	V	A	D	R	I	F	X	G	T
H	L	Ç	T	R	A	L	E	D	A	P	O	R	B
L	I	R	E	B	F	S	V	T	L	J	H	K	V
P	H	I	T	R	V	C	A	A	S	A	U	M	O

15 Analise a imagem a seguir e responda às perguntas.

Charge de Angelo Agostini publicada na *Revista Illustrada*, de setembro de 1887.

a) O que a charge retrata?

_____

_____

_____

b) Compare a charge com a imagem da Lei Áurea, reproduzida na página 38. Ambas são o mesmo tipo de fonte? Justifique.

_____

_____

_____

_____

c) Os dois documentos tratam do mesmo tema? Justifique.

_____

_____

_____

_____